U0495035

跃龙门

武

勇冠三军

白起

鲤跃 编著
张文 绘

黑龙江少年儿童出版社

图书在版编目（CIP）数据

勇冠三军：白起 / 鲤跃编著；张文绘. -- 哈尔滨：黑龙江少年儿童出版社, 2025.2. --（跃龙门）.
ISBN 978-7-5319-8905-9

Ⅰ. K825.2-49

中国国家版本馆CIP数据核字第2024WL2105号

跃龙门　　**勇冠三军 白起**
YUE LONGMEN　YONGGUANSANJUN BAI QI

鲤跃　编著　张文　绘

出 版 人	薛方闻
项目统筹	李　昶
责任编辑	杨　柳
总 策 划	宋玉山　黎　雨
创意策划	王子昂　王智鹏
文字统筹	王正义
插画团队	阿　助　文刀荔　张　文　乖小兽
美术统筹	AyaBird
排版设计	杨晓康
书法创作	王正义
出　　品	鲤跃文化
出　　版	黑龙江少年儿童出版社
地　　址	哈尔滨市南岗区宣庆小区8号楼
邮　　编	150090
电　　话	0451-82314647
网　　址	www.lsbook.com.cn
印　　装	三河市少明印务有限公司
发　　行	全国新华书店
开　　本	787 mm×1092 mm　1/16
印　　张	4.5
字　　数	95千
版　　次	2025年2月第1版
印　　次	2025年2月第1次印刷
书　　号	ISBN 978-7-5319-8905-9
定　　价	48.00元

【版权所有，请勿翻印、转载】

序言

　　昔有小鲤名锦，志在龙门，欲化龙飞。云之巅，有祖龙名瑞，守中华千载时光之河，刻风流人物于河畔峭壁之上，以龙鳞点睛，时光不尽，传承不息。然华夏大地英杰辈出，鳞尽而史未绝。锦鲤受命，寻史访古，以续龙鳞，瑞龙则守壁期盼，待故事归来。

　　今有绘本《跃龙门》四十八卷，随锦鲤之行，绘先人之姿。卷卷所载，或千古文风，或百技之长，或武卫疆土，或谋定安邦，皆以锦鲤之察，耀历史之辉。然长空瀚海，云谲波诡；斯人往事，众说纷纭。虽有莫衷一是，绝无异想天开。愿以此书，引诸位小友逆流而上，同游史海，领略古人风采，铭记历史之重，终随锦鲤，一跃成龙！

——鲤跃

画家寄语

　　白起与历史上其他名将不同，具有双面性，是战神还是杀神？我无法辨别。但是伊阙之战、鄢郢之战、长平之战，为秦国统一奠定了基础，这些都彰显了他的功绩。作为绘手，我的职责是还原历史，在辨明其功过后，争取将一个栩栩如生的白起呈现给读者。

目录

1. 王室后裔 /2
2. 初露锋芒 /8
3. 鄢郢之战 /18
4. 长平之战 /34
5. 赐死杜邮 /52

有这么一个人，被尊为战国四大名将之首，一生征战七十多次，却未尝一败。民间因为他坑杀赵国四十余万降兵而称呼他为"杀神"，无数人视其为偶像，甚至将其神化。这个人就是自古至今有着很大争议的"战国军神"——白起。

1

1. 王室后裔

白起的传记中没有明确记载出身,对此白居易和欧阳修都曾提出过自己的观点。

　　白居易在编撰家谱时提到,白起是楚国白公胜的后代,但他记录的家谱中存在不少问题,比如把相差一百五十岁的白乙丙和白胜公硬捏成了父子,有"往脸上贴金"的嫌疑。以至于好友李商隐在给白居易写墓志铭时,说他对祖先的推断靠的是传闻。

　　而欧阳修则认为白起是春秋虞国名相百里奚的后代,百里奚生子孟明视,孟明视生子西乞术和白乙丙,而白起正是白乙丙一脉的后人。如果这样,在崤之战中,百里奚的儿子孟明视、孙子西乞术和白乙丙三人都是秦军主帅,三人一起出征的可能性几乎为零,所以欧阳修的观点也站不住脚。

　　既然白居易和欧阳修的观点都不靠谱,那么白起的身世究竟是怎样的呢?

白起的身世史书虽然没有直接记载，但事实上是有间接线索的。

据史书记载，秦武公去世时，没有把王位传给儿子嬴白，而是给了弟弟，也就是后来的秦德公。公子嬴白的后人出于安全和政治的考虑，决定不再使用"嬴"姓，改称"白"姓。

据史书记载，白起是郿邑（今陕西眉县常兴镇白家村）人，而郿邑与平山之间相距极近。《战国策》中称他为"公孙起"，"公孙"是当时诸侯王室的子孙才有的称呼。这就是白起刚入伍就被破例封为左庶长的原因之一。

白起年幼时，正是秦国尚武之风盛行的时期。但白起却表现出很多与同龄人完全不同的特质，当同龄人都在增强体魄的时候，白起则抱着沉重的竹简默默攻读兵书。

白起与众不同的表现在同龄人看来是"胆小、怯懦"，但对于有见识的成年来人来说，白起在小小年纪就已经表现出统帅的特质，而看好白起的人中，就有当时身居高位的魏冉。

秦昭襄王十二年（公元前295年），准备充分的秦国制定了"东进击败三晋，进而图谋天下"的战略，只可惜领军打仗的优秀将领太少。

秦昭襄王为了解决人才不足的问题，大力推行依军功分封爵位的制度，提出不看出身只重才能，大规模起用年轻人才。

相国魏冉知道白起熟读兵书，便极力将他举荐给秦昭襄王。秦昭襄王召见了白起，经过简单的询问后，认定白起是人才，便破格封白起做了左庶长（秦国二十级爵位的第十级）。

秦昭襄王十三年（公元前294年），处在秦国北方的赵国发生内乱，秦军边防的压力大幅减小。借着这个机会，秦昭襄王打算发兵进攻韩国、魏国，报当年割地求和之仇。他先派大将向寿为统帅率军攻打韩国，向寿不负众望，很快占领韩国的武遂。

就在向寿打算继续东进扩大战果的时候，一场突如其来的疾病击倒了他。主帅病倒，大军失去指挥，只能停驻原地。关键时刻，秦昭襄王想起了自己看好的白起。

2 初露锋芒

秦昭襄王立马封白起为统帅，让他带领军队继续攻打韩国、魏国。白起没有辜负王命，刚上战场就展现出非凡的指挥才能。他指挥的部队充满了年轻人特有的锐气，哪怕面对劣势也毫不胆怯，仅仅几场战斗就击溃了韩军，轻而易举地占领了韩国的新城（今河南伊川县西）。

白起这么快就取得丰硕的战果，给破例提拔他的秦昭襄王和极力举荐他的魏冉挣足了面子，海量的赏赐送到白起家，秦昭襄王更是高兴地将白起的爵位升到了左更。

秦昭襄王十四年（公元前293年），秦国西北方义渠部在赵国的暗中支持下屡屡入侵秦国边境，牵制了秦国大量兵力。同时，韩国名将暴鸢和魏国名将公孙喜组成联军一同进攻秦国。联军用的武器是当时铸造水平最高的韩国军械，兵丁是参加过数场大战的精锐之师，领军者更是久经沙场、经验丰富的名将，可谓兵强马壮。

当时韩、魏联军足有二十四万人，而作为守军的秦军只有十万出头。面对如此不利的局面，秦军将官大多主张据险死守，等待支援。统帅白起虽然年纪最小，却最有胆气，他主张主动出击。

白起指出，虽然韩、魏联军看起来不可战胜，但他们毕竟分属于两个国家，不可能一条心。只要利用他们想保存实力的想法，就可以轻而易举地将他们分化击败。

白起制订了计划，立马带兵出击，在伊阙（今河南洛阳龙门镇）阻击韩、魏联军。白起先是让少量的诱饵部队扎一个很大的军营，装作人多势众的样子与韩军对峙，以少量兵力牵制韩军主力；然后集中秦军精锐部队，猛攻实力较弱的魏军。魏军原以为秦军主力在和韩军对峙，因此没有防备，仓促应战自然不是秦军的对手，很快被打得溃不成军。

韩军正与白起的诱饵部队对峙，突然看到不比自己弱多少的魏军一下子就败了，顿时慌乱起来，他们怎么也想不通，秦军"主力"明明和自己对峙，魏军怎么就败了呢。

　　魏军的败退吸引了韩军大量的注意力，导致他们完全没有意识到自己的侧翼已经暴露出来。一直关注战场的白起可不会浪费这个难得的战机，他当即下令，已经击溃魏军的军队调转方向猛攻韩军侧翼，而原本作为诱饵的军队也借机杀了出来。韩军遭到秦军的两面夹击，自然没有了反抗的机会，转瞬间被击败了。

白起见秦军击溃了韩、魏联军，立马下令乘胜追击，扩大战果。秦军一边追击韩、魏联军，一边占领沿途的城市。最终白起以不到韩魏联军一半的兵力，全歼韩、魏二十四万联军，攻占伊阙以及其他五座城池，最后连魏国统帅公孙喜也被白起俘虏了。经过这一战，白起的名字一夜之间传遍了各国。秦昭襄王为白起庆功，将他升为国尉。

这一战之后，韩、魏两国精锐军队丧失殆尽，失去了阻挡秦军的能力，因为丢失了伊阙和其他五座作为壁垒的城池，韩、魏两国门户大开，没有了阻挡秦军的险要地势，白起乘机一口气渡过黄河，攻取了韩国安邑（今山西夏县西北）以东到乾河（今山西垣曲东）大片土地。

秦昭襄王十六年（公元前291年），白起率领的军队和司马错率领的军队合兵一处，一鼓作气攻下魏国的重要城池垣（今山西垣曲东南）。秦昭襄王十七年（公元前290年），一举攻取魏国包括轵（今河南济源东南）和邓（今河南孟县西）在内的多个重要城池。至秦昭襄王十八年（公元前289年），白起在魏冉的协助下连续攻占了魏国大小城池六十一座。

相比于魏国的束手待毙，其盟友韩国显得聪明一点儿。韩国在被白起夺走手工重镇宛（今河南南阳）后，立马就明白了一件事，凭实力根本不可能是秦国的对手，再这么下去必然会被秦国灭掉，不如暂且认怂，等以后有实力再说。于是韩国派使者出使秦国，并割让二百里土地以求和。找回了面子的秦昭襄王欣然同意。

但事情的发展远没有韩国想象的那样美好，韩国虽然没像魏国那样被打到濒临崩溃，但元气大伤，再也没有了对抗秦国的能力。

秦昭襄王二十一年（公元前286年），将韩魏两个国家彻底征服后，秦国缓过劲来，接下来就要有怨报怨、有仇报仇了。秦昭襄王不是大度之人，之前赵国支持义渠部在韩、魏联军来犯时牵制秦国的事，他仍记在心里。

秦昭襄王派白起为统帅，领兵进攻赵国。赵国因为之前发生过内乱，战备明显跟不上。白起轻而易举攻破赵国的军事重镇光狼城（今山西高平康营村），斩杀赵国两万士兵。对于秦昭襄王来说，这只是小小的报复性战争；对于白起来说，也只是一场简单的攻城；但对于赵国来说，可是奇耻大辱。

秦、赵两国本就恨对方入骨,经过这场规模不算大的战争之后,他们之间的关系彻底变成不共戴天之仇,这为之后那场无比惨烈的大战埋下了伏笔。

3 鄢郢之战

一连战胜韩、魏、赵三个国家的秦军展现出极为强悍的战斗力,致使他国闻风丧胆。而崭露头角的白起让其他国家的将领颇为忌惮。与秦国接壤的楚国,见秦国把其邻国打了一遍,猜到下一个差不多该是自己了,与其坐以待毙,不如先发制人!于是,楚顷襄王联合其他诸侯,以当年楚怀王中计客死秦地为由共同伐秦。然而让楚顷襄王没想到的是,伊阙之战后,秦国早就制订了"展开南面攻势,继续削弱楚国"的计划,他带头组织的这次联军撞到了秦国的枪口上。

秦昭襄王二十七年(公元前280年),秦昭襄王命司马错率秦军从陇西(陇山以西地区)出发,沿涪水顺流而下,在巴蜀补充兵粮、舰船后,一举攻占楚国黔中郡(今湘西及黔东北)。刚做好组建联军准备的楚国,只能被迫割上庸(今湖北竹溪东南)、汉北(汉水以北地)以拖延时间。

秦昭襄王二十八年（公元前279年），楚国联军组建完毕，开始大举反攻秦国，楚顷襄王感觉自己终于要一雪之前割地求和之耻了。

面对大军压境，秦昭襄王召见了越发老练的白起商议军事，秦昭襄王认为楚国领土广阔，东西绵延数千里，兵力足有上百万，秦军哪怕有地利优势也至少需要五十万以上的兵力，他希望白起带兵防守。白起表示，几万人就可以击败联军，说完开始分析楚国联军劣势，他认为有两个原因导致对方必败：第一，楚国虽然地广人多，但楚顷襄王非常昏庸，兵将之间缺乏凝聚力；第二，伊阙之战后，韩魏大败还没恢复元气，兵力不足。乐毅破齐，田单复国，齐国元气大伤，何况齐楚的盟约曾因张仪的连横之术而毁，现在两国各有心思；赵军光狼城一败，齐、燕战事让其无力脱身。秦楚之战一旦开始，楚国是找不到多少外援的，因此所谓的联军只是外强中干而已。

在阐述了楚国必定战败的原因后，白起对如何战胜楚国进行了分析，他认为楚国地势复杂，地广人多，如果秦军步步为营慢慢推进，肯定劳民伤财，如果他率领少数秦军从江汉上游顺势而下，可以登陆的位置非常多，楚军难以防备。只要秦军登陆后找到有利地形，就可以占据局部优势，然后与楚军展开游击战，最终直取王城，到时候楚国必定败亡。

秦昭襄王对白起的分析大加赞赏，同意了他的计划。于是白起带领几万秦军从蓝田出发，经商地，过丹水流域，出武关，最后顺着汉水向南，在抢夺了汉水驻军的粮草补给后，杀进了楚国腹地。

为了激发士兵们的斗志，白起直接命令士兵拆掉了路过的桥梁，毁坏了渡船，切断了部队的退路。本就好战的秦国士兵见统帅有这样的决心，当即纷纷表示必将追随白起，死战不退。

白起率领秦军在楚国境内长驱直入，他命令军队，碰见楚国部队迎击不要纠缠，路过城镇也不攻城，不要在意一城一地的得失，整个部队快速在楚国境内穿插，很快就抵达楚国的重要城市——鄢城（今湖北宜城东南）。

　　鄢城在经济上是楚国的第二大城市，在地理位置方面，是楚国国都郢都（今湖北荆州江陵县西北）的门户，如果鄢城失守，那么郢都便没有了屏障，所以楚顷襄王调来主力驻扎鄢城，防备白起军队进攻。

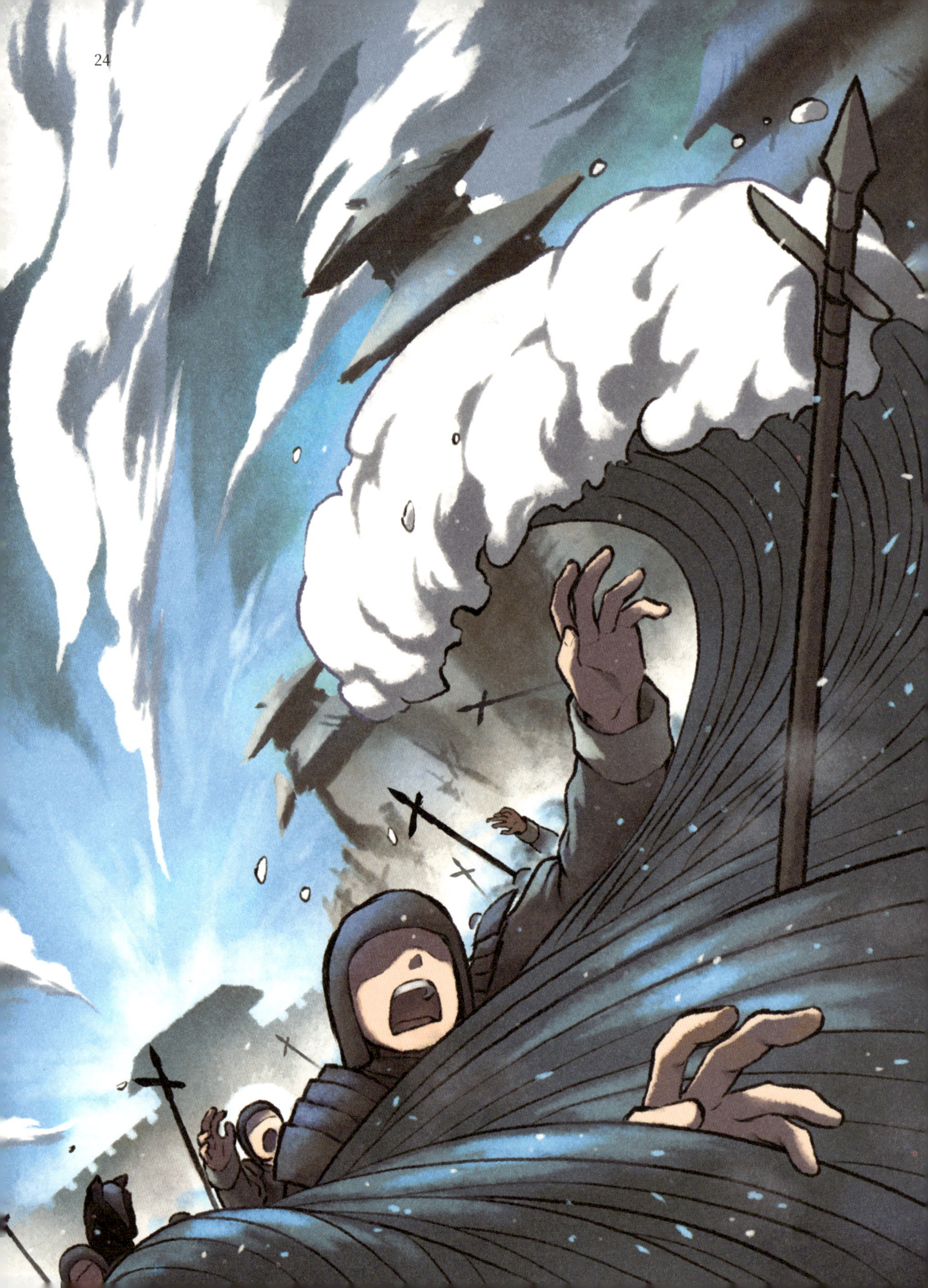

因为《孙子兵法》在当时已经流传开来，其中的"十则围之，五则攻之，倍则分之，敌则能战之，少则能逃之，不若则能避之"早已深入人心，所以楚顷襄王对于对付白起那几万军队很是自信，在他看来，鄢城的城墙固若金汤，白起是不可能攻进来的！

楚顷襄王如果知道后世也有很多人打算借着地利死守，但绝大部分没落什么好下场的话，就不会这么自信了。

其实白起压根儿就没打算直接攻城，毕竟他只有几万军队，但凡有一点儿军事常识的人都不会这么做。所以他一到鄢城就制订了引水灌城的战术：他们在鄢城西面筑起堵水的小型堤坝，然后引西山长谷水（即蛮水，亦称鄢水）汇入长渠（后世又称白起渠），把水从城西灌向城东。

城中的守军被突如其来的大水打了个措手不及，为防御白起而准备的防御工事成了阻碍城中军民逃跑的障碍，民房难以承受大水的冲击纷纷倒塌，一夜之间，城内数十万人溺死。

楚军主力在白起的水攻之下受到重创，鄢城很快失去防御能力，被白起轻松攻占。

占领鄢城后，白起又率领军队转向西南，进攻位于郢都上游的西陵（即夷陵，今湖北宜昌南），当地守军知道白起一夜之间大破鄢城，淹死数十万人之后，早就吓破了胆，没有任何抵抗就弃城逃跑了，白起轻松地占领了西陵，进而截断了郢都与巫郡的联系。

秦昭襄王二十九年（公元前278年），在经过短暂的修整后，白起又率领秦军穿插到防守郢都的楚军背后，从背后偷袭了楚国军队，毫无准备的楚军四散逃跑，失去防守的郢都被秦军轻松占领。

为了打击楚国其他军队的军心，白起下令放火焚烧了建在西陵的楚国先王的陵墓，此事传开后天下震动。

虽然在道德层面，无数人唾弃白起这种烧人祖坟的卑劣行径，但在军事层面，白起的做法起到了无与伦比的制胜效果。

白起随后乘胜向东进军时，所遇到的楚国兵将均被吓破了胆，没能组织起任何有效的抵抗。白起带领军队一路向东打到了竟陵（今湖北潜江西北）、安陆（今湖北安陆南），向南打到了洞庭湖及其以南。

　　楚国军队被白起打得溃不成军，陆陆续续溃逃到城阳（即成阳，今河南息县西北）、陈（今河南淮阳）一带。至此，楚国一蹶不振，失去了逐鹿天下的可能。楚国名士屈原在流放中听闻楚国惨败的消息，悲愤交加，于当年农历五月初五，抱石自投汨罗江。后世为了纪念屈原，将五月初五定为"端午节"。

　　秦国将郢都划归为南郡，封白起为武安君。从此之后，白起名震天下，诸国都难以相信土地千里、雄兵百万的楚国，竟然难以抵挡白起几万兵马，白起的声望可谓无人不知、无人不晓。

白起并未就此休整，而是继续带兵冲杀在第一线。

　　秦昭襄王三十年（公元前277年），白起联合蜀中郡守张若率军轻松攻占了巫郡及江南地区，并在那里设立了黔中郡，将那里划入秦国统治范围。

　　秦昭襄王三十一年（公元前276年），白起带兵进攻魏国，魏国军队在白起面前毫无抵抗之力，白起带兵轻松占领了魏国的两座城池。

　　秦昭襄王三十四年（公元前273年），赵、魏联合攻打韩国北面的重镇华阳（今河南新郑北），虽然韩国因为之前的割地求和对秦国非常敌视，但迫于形势压力还是不得不向秦国求救。

对这种可以薅其他国家"羊毛"的机会，秦昭襄王自然是来者不拒，他指派白起、魏冉和客卿胡阳一同率领军队救援韩国。秦军在白起的主持下采取出其不意、攻其不备的闪电战，以平均每日急行百里的行军速度进行长途奔袭，突然出现在华阳赵、魏联军与韩国军队对峙的战场上。

也许我们现在来看日行百里并不算多，换算一下也就每日五十多公里，开车可能半小时就到了。但要知道，战国时期没有平整的道路，那个年代士兵装备的都是沉重的青铜武器和皮甲，饮食也远没有现代有营养，靠双腿日行百里，在那个年代已经是很多人难以想象的速度了。

秦军突然杀入战场，把赵、魏联军打了个措手不及，毫无准备的联军难以抵挡，溃散奔逃。秦国军队乘胜追击，成功掳获了赵、魏两国的多名大将，魏国将领芒卯靠着手下兵卒拖延时间，才得以狼狈地逃了出去。

击败赵、魏联军后，白起又带兵与前来支援的赵国将领贾偃交战，并成功俘虏了赵国两万名士兵，白起没有在俘虏身上浪费一分一毫的时间，直接命人将赵国俘虏捆绑起来推进黄河淹死了。白起的铁血手段震慑了赵、魏两国，魏国主动献上了南阳一带地区（现黄河以北和太行山以南地区）向秦国求和。

根据《史记》记载，魏国献地求和曾发生过一个小小的插曲。白起轻松击败赵、魏联军之后，魏国上到国君下到群臣都吓破了胆，建议割一块地给秦国，以平息秦国的怒火。但谋士苏代提出不同的意见，他劝魏王说："用割让土地的方式去讨好秦国，就好像抱着柴薪去救火一样，不仅不会熄灭火焰，反而会让火焰越来越大，柴薪不烧干净，火焰是不会熄灭的。"

胆小的魏王并没有听取苏代的劝说，而是依多数大臣的意见，把魏国大片土地割让给秦国。

然而割地不仅没有保全魏国，反而大大加速了魏国灭亡的速度。事实证明，苏代的判断是正确的，他劝说魏王的这段话，就是"抱薪救火"这个成语的出处。

秦昭襄王四十三年（公元前264年），在摆平了魏国、击退了赵国之后，秦昭襄王命令白起调转目标，攻打韩国。韩国的国君对秦军一点儿办法也没有。白起带着军队直接攻打汾水之畔的陉城（今山西曲沃东北），轻松攻陷了五座城池，斩杀韩国将士五万多人。

4 长平之战

秦昭襄王四十四年（公元前263年），白起又带兵攻占韩国南阳太行道（今太行山南与黄河之间），意图截断韩国上党郡与其南半部的联系，进而夺取上党郡。

秦昭襄王四十五年（公元前262年），白起成功占领韩国的野王（今河南沁阳），上党郡通往韩国都城的道路被彻底阻断。如果不出意外的话，这场轻松的战斗将成为白起军旅生涯中不起眼的一笔，但意外的变数却引发了战国时期最血腥的一场战争——长平之战。

通往上党郡的道路被白起的军队隔断之后，韩桓惠王觉得自己没有重新打通的能力，于是命令上党郡守冯亭把上党郡献给秦国，以求秦国退兵。在韩桓惠王看来，握不住的沙，不如扬了它，反正这么耗下去上党郡迟早会被秦国占领，那不如我主动一点儿。

但上党郡守冯亭是个硬骨头，他认为投降秦国会让自己很丢人。他知道肯定是打不过，就想了个阴招——直接带人投降了赵国。

赵孝成王想起之前光狼城被秦国攻陷过的耻辱，决定接受上党郡恶心一下秦国，于是他根据平原君赵胜等人的计谋，封冯亭为华阳君，并且派平原君去上党郡接收土地，同时派大将廉颇率军驻守长平（今山西高平西北），以防备秦军来攻。赵孝成王这一系列做法，成为秦、赵两国长平之战的导火索。

秦昭襄王四十七年（公元前 260 年），秦昭襄王派出大将王龁带兵进攻韩国，目标是夺取上党郡，然后进攻赵国。与此同时，赵国名将廉颇已经在长平布置了三道防线：第一道是空仓岭防线，第二道是丹河防线，第三道是百里石长城。三道防线东西数十里，星罗棋布，互相连接，堪称铜墙铁壁。但秦军并没有把这三道防线放在眼里，王龁没有任何犹豫，就对赵国军队发起了攻击。

双方的第一次交锋，发生在第一道防线西面的山谷中。这一战秦军成功斩杀了赵国前锋将军，轻松突破空仓岭，攻占了赵军前线的两座军事重镇——二樟城和光狼城，光狼城曾被白起攻陷过，这一次它彻底被秦军占领了。

赵军在空仓岭陷落之后，还想通过加固南北两翼的防线来钳制秦军，但最终失败，至此空仓岭南北几十里防线西垒壁（一作西长垒）完全陷落。

秦军的攻势锐不可当，赵军多次想派兵阻截，均未成功，反倒损失惨重。廉颇不愧是赵国名将，他重新分析了秦军和赵军的兵力和状态，发现地形对于赵军防守相当不利；而秦军所面对的主要问题是补给线比赵军长，后勤保障比赵军困难。

廉颇决定放弃不易防守的丹河西岸阵地，全军收缩到丹河东侧的第二道防线，在那里构筑壁垒，打算以逸待劳，耗死补给困难的秦军。

廉颇的战术非常有效，一直战无不胜的秦军面对防守得像铁桶似的赵军毫无办法，双方陷入了对峙状态。

秦军和赵军的对峙持续了半年，秦军尝试了很多种方法，都没能攻破廉颇打造的"铁桶阵"，不仅损兵折将，还让补给困难的秦军处境越来越艰难，作为主帅的王龁承受了相当大的压力。

　　而作为对峙另一方的赵军则更为难熬，赵国的粮食产量只有秦国的三分之一，对峙时间久了，二十万大军的日常消耗使赵国难以承担，经济实力不济的弱点完全暴露。本来赵孝成王和王公大臣们对廉颇丢失第一道防线后的连续惨败就非常不满，如今越来越大的经济压力让他们对廉颇的不满达到了极点。

早在对峙开始时,赵孝成王就曾和楼昌、虞卿等人商议过,想御驾亲征,与秦军决一死战。但楼昌认为这样做没什么意义,不如派地位高的使臣去秦国议和。而虞卿则认为,如果秦国已经下定决心,议和没有什么意义,不如派遣使者去楚国、魏国等国家活动,大家组成联军把秦国吓住,这样才可能成功。另外,假如前去议和时,秦国隆重接待赵国使者,并放出消息,说秦国和赵国已经打算和解,那么我们再去寻求帮助,其他国家就不会和赵国联合了。

最终赵孝成王采纳了楼昌的建议,派郑朱前往秦国议和。事情的发展果然和虞卿猜测的一样:秦国给了郑朱超规格的接待仪式,并放出消息,说秦国和赵国已经和解,正在讨论具体细节。等赵国感觉到事情不对派出使者寻求同盟时,齐、楚等国听到了秦、赵议和的消息,以为自己被耍了,纷纷驱逐了赵国的使者,甚至连他们借粮的请求都拒绝了。

用假议和唬住其他国家后,秦国丞相范雎又想出一条计策,他派人携带千金到赵国收买了一些大臣,同时在市井散布传言说:"秦国一点儿都不怕廉颇这种只会防御的将领,秦国最害怕的是曾经打败过秦国的大将赵奢的儿子赵括。"

赵孝成王早就因为不看好廉颇的防御战术对他产生了不满,被范雎收买的那些大臣进言之后,他终于下定了更换将领的决心。赵孝成王也听到了市井的传言,想让赵括当统帅,于是问他能不能打退秦军。

赵括略微思考后回答:"如果秦国派白起当统帅的话,会很麻烦。但其统帅王龁和老迈的廉颇不相伯仲,我应该可以战胜他。"

赵孝成王对赵括的回答非常满意,加上之前的阏与之战,赵奢曾经打败过秦军,使得赵国高层一直有种侥幸心理:"如果集中兵力决一死战,秦国也不是不能战胜的 。"所以赵孝成王不顾蔺相如和赵括母亲的谏阻,派赵括去接替廉颇。

秦昭襄王四十七年（公元前260年）七月，赵括统率二十万援军到达长平，接替廉颇成为新的主将。廉颇一走，赵括便按照他在书本上学到的兵法重新调整了战略部署。他先把廉颇所筑的星状营垒合并成一个大营，随后又颁布了新的军令："秦兵若来，要奋勇当先，猛打紧追，不胜不回。回者，斩！"赵括刚把军令发布下去，王龁便带着三千人马前来挑衅，赵括派出上万人迎战。因为兵力相差极为悬殊，双方交战不久，王龁就带着部队撤军，留下不少尸体。

首战旗开得胜，赵括非常高兴，对自己的带兵能力更加自信。他赶紧把捷报传回赵国都城邯郸，赵孝成王听到消息非常高兴，觉得用赵括果然没错，对他大加赞赏。赵括在欣喜之余决定乘胜追击，于是他派人去秦营下战书，结果王龁不但没有上前迎战，反而退兵十数里。

秦军的退却让赵括更加自信,他认为秦军惧怕他这种主动出击的战术,只要坚持下去必能大胜而归。于是赵括命令军吏宰牛杀羊,犒劳军士,并夸下海口:"来日大战,必会大破秦军!"
　　赵括不知道的是,秦昭襄王在得知他代替廉颇担任主将后,早就暗地里调遣白起为上将军,统领前线的秦军,王龁已经是副将了,白起命令军中严守换帅的消息,打算借此阴赵军一把。

白起见赵括先是改变了营垒，又在击退王龁后犒赏三军，就知他是自大轻敌之人，所以决定采取后退诱敌、分割围歼的战术。他命前沿部队主动去赵军营前叫阵，等赵括领军进攻时，马上佯败后撤，将赵军吸引进秦军主力提前构筑好的袋形埋伏圈。

白起从侧翼派出两支奇兵，其中一支由两万五千名轻装步兵组成，白起命令他们长途奔袭，绕到赵军背后。之前廉颇准备的最后一道防线——百里石长城，因为第二道防线没被攻破，所以最后一段防线的守军毫无准备，秦军轻松占领了百里石长城。百里石长城所在的山脉位于平原之上，一边通往长平前线，另一边通往赵国大后方。秦军占领这里，截断了赵军后援。

一心寻求决战的赵括在没有任何情报的情况下，贸然发动了总攻。秦军假装败退，但暗中张开两翼所设的奇兵准备挟制赵军，将赵括的大部队分割。赵括在追击撤退的秦军时，完全没有意识到他们已经进入一个巨大的口袋形陷阱。

此时白起派出的另一支奇兵，突然出现在赵军背后，利用地形将整个埋伏圈堵住，将整支赵军包围在口袋阵中。赵括见大事不妙，当即命令数十万赵军从各个方向冲击秦军围堵，却始终无法突围。这时白起命令两翼早就准备好的奇兵迅速出击，成功将赵军截为三段。

赵军首尾分离，粮道被断，彻底陷入了危急之中。赵括只能命令士兵构筑壁垒坚守，以待救兵。

秦昭襄王听说赵国的粮道被白起切断，赶紧亲自到河内郡督战，同时征调全国十五岁以上男子参军，加封应征者一级爵位，打算举全国之力与赵国决战。

秦昭襄王四十七年（公元前260年）九月，赵国士兵已断粮四十多天，战马、粮草、皮革被吃得一干二净。兵将都饥饿不堪，军心开始动摇。

赵括只得重新集结部队，分兵四路轮番突围，希望打穿秦军的防御，但始终无法成功。最后赵括亲自带精兵出战，被秦军乱箭射死。剩余的四十万人见主将被射杀，彻底没了获胜的希望，只能选择投降。

白起对部下说："之前秦国早就攻陷过上党，但上党的百姓不愿归附秦国，转投赵国。赵国士兵反复无常，不全部杀掉，日后肯定难以控制！"

于是白起命令秦军将投降的四十万赵国士兵全部坑杀活埋，只留下二百四十名年纪小的士兵回赵国报信。赵国从此元气大伤，一蹶不振。

长平之战虽然真正进入战斗阶段仅有六个月,但从前期准备和战略部署算起,足足持续了三年多,可以说是春秋战国时期持续时间最久、规模最大、最惨烈的战争。虽然秦军成功歼灭了赵国四十五万军队,但秦军也伤亡过半,正如《通典》所描述的:"长平之战,血流成河,漂卤成灾。"

明代诗人于达真在经过长平之战遗址时(今山西晋城高平谷口村),曾写过一首诗,抒发自己对战争兴亡的无限感慨。

诗中说:"此地由来是战场,平沙漠漠野苍苍。恒多风雨幽魂泣,如在英灵古庙荒。赵将空余千载恨,秦兵何意再传亡?居然词宇劳瞻拜,不信骷髅亦有王。"

长平之战结束后,从国家层面看,赵国失去了争霸天下的可能,秦国有了一统天下的条件;从个人层面看,白起和赵括成为史书上两个不容被忽视的名字。

白起靠这场胜利奠定了"战神"的威名,现代人称他为"杀神",和他坑杀赵国四十万降兵不无关系;至于赵括,则成为死读书、不知变通的代名词,后世很多人将长平之战的失败归结于赵括的自负无能,甚至将赵括在长平之战的表现概括总结为成语"纸上谈兵"。

虽然很多人将赵括在长平之战的表现批评的一无是处，但很多学者对当时赵国国内形势以及整体战争的走向进行过综合分析：即便换其他人指挥，长平之战也很难有更好的结局。

　　第一，廉颇的退守战略虽然稳住了局势，但引起国内很多人的严重不满，因此换帅成了必然。当时李牧年少，毫无名气；名将乐毅刚从燕国投奔到赵国，上下对他并不信任；赵奢年岁已高，无力主持战争，因此空有父辈名气加持但无实战经验的赵括成了不得已的选择。

　　第二，赵国的国力远远弱于秦国，没有粮草继续支持两国对峙，外出借粮屡屡碰壁，加上廉颇因为据守被撤换，作为新任主帅，赵括必须采取主动的战术。

　　虽然赵括自负、死板及指挥失当要负失败的主要责任，但赵孝成王和赵国的王公大臣也难脱干系。总结起来，只能说长平之战的失败是一个错误的人，在错误的时间，由于错误的原因，导致的结果罢了。

长平之战胜利后，白起没作任何停留，他一面平定上党郡内残存的抵抗者，巩固秦军对上党郡的控制；一面上书，请求秦昭襄王增调军队和粮草，准备乘胜灭亡赵国。

　　秦昭襄王四十七年（公元前260年），得到补给的白起兵分三路：一路由王龁统率，目标攻占赵都邯郸（今河北邯郸）以西的军事要地武安（今河北武安）和皮牢（今山西翼城东北）；一路由司马靳（司马错的孙子）统率，目标攻占赵太原郡（今山西太原西南）；白起则亲自统主力部队驻守上党郡，做好进攻邯郸的最后准备。只等王龁和司马靳攻占目标，便可三路齐出攻占邯郸。

白起的兵马来势汹汹,锐不可当,已经没有战斗力的韩国和赵国自然无法阻挡,朝野上下惊恐万分。这时,赵国谋士苏代提出计策:可以买通秦国实权人物,通过政治手段强行让白起收兵。

赵孝成王同意了苏代的计策,于是苏代带着重金秘密前往秦国。

苏代找到秦国宰相范雎,贿赂他说:"白起已经杀死了赵括,正计划围攻邯郸。如果赵国灭亡,秦国是最强的国家,而战功赫赫的白起一定会被封为"三公"(太师、太傅、太保)那样的大官。到时候哪怕您也有很多功绩,但凭借他为秦国攻占七十多座城池,平定鄢、郢、汉中,屠灭赵括的功劳,官职一定比您高。秦国曾经攻打韩国、围困邢丘、占据上党,但这些地方的百姓都跑到了赵国。由此可见,天下的百姓都不希望成为秦国子民。所以,即使灭掉赵国,秦国的疆土扩大很多,也不会有多少百姓。不如让韩、赵两国割地求和,不让白起再得灭赵之功。"

赐死杜邮 5

虽然范雎对秦国忠心耿耿，一切以秦国的利益为重，但当前秦国已经占据了绝对优势，不像战争时期一切为军事让路，使他对争权夺势的欲望压过了理智的思考，加上苏代携带重金相劝，最终范雎决定按照苏代的建议执行。就这样，范雎以秦兵连日征战兵困马乏、急待休养为理由，请求允许韩、赵两国割地求和。

秦昭襄王在范雎的反复建议下，最终同意秦国与赵、韩两国达成停战协议，各自撤兵。白起得知是范雎提出的和平建议，从此和范雎结了仇。

秦昭襄王四十八年（公元前 259 年）九月，经过修养之后秦国有了足够的战斗力，就打算派五大夫王陵带兵攻打赵都邯郸。白起听到消息后，极力劝阻出兵。

秦昭襄王对白起的劝阻非常不满，质问他："之前国库空虚百姓食不果腹，你不考虑百姓的承受能力，一直要求增兵增粮，想去消灭赵国。现在经过休养，百姓已经有了足够的粮食供养士兵，三军将士的俸禄甚至超过以往一倍，你又说'不可以进攻赵国'，这是为何？"

白起解释道："长平之战，我军大胜，赵军大败。秦国气势如虹，赵国上下被吓破了胆，我们自然可以一鼓作气灭掉赵国。但战争之后，我国军民休养生息，一直沉浸在胜利的喜悦中，军民都很懈怠。反观赵国，虽然在战争中损失很大，但全国上下憋着一口气想复仇，发展休养的速度远超我们。如今您能够派出的军队虽然超过从前的一倍，但赵国的守备能力可能达到原来的十倍。赵国自长平之战后，君臣忧虑恐惧，一直在用重金珍宝向其他国家派遣使者求和，同燕、魏结亲，同齐、楚交好，处心积虑地把防范秦国当作国策，不敢有半点松懈。现在赵国国内殷实，外交成功，我们根本无法战胜他们。"

虽然白起的解释有理有据，但秦昭襄王的评价却是"说得好，但毫无意义！"已经被之前的胜利冲昏头脑的秦昭襄王下定决心发兵，而白起因患病没有统兵出征。

秦昭襄王四十九年（公元前258年）正月，王陵攻邯郸的战事进展非常不顺，损失惨重。对自己的判断盲目自信的秦昭襄王又增派重兵支援，结果王陵又损失了足足四万兵马，秦国彻底被拖进了战争泥潭。

这时的白起刚刚病愈，秦昭襄王立马想派遣他作为统帅继续进攻邯郸。白起再次劝说秦昭襄王："邯郸现在易守难攻，如果其他诸侯发兵援救，只需一天就能抵达。天下诸侯对秦国早就充满了怨恨，虽然之前我们取得了长平之战的胜利，但军队伤亡过半。如果赵国从内应战，其他国家从外策应，我军必败无疑，还是撤兵吧。"

秦昭襄王听不进白起的劝说，继续请白起挂帅出征，但深知此战必败的白起推辞不从。

见自己请不动白起,秦昭襄王派范雎前去劝说,范雎指责说:"你曾多次以少胜多,取胜如神,现在我们秦国远比赵国实力强大,你怎么反而没斗志了呢?"

白起说自己并非用兵如神，只是会利用地形和自然规律，长平之战后没能一鼓作气趁势灭掉赵国，让赵国有了喘息的时间，增强了抗秦的力量。现在赵国人都据守城池中，不再主动出战，他拿赵国没有办法。秦国如果长时间不获胜，其他国家一定会打着救援赵国的旗号围攻秦国。所以白起认为当前进攻赵国只有害处，没有任何利处。

　　范雎听了白起的话，想到当初自己为了争权夺利，收受贿赂，从而丧失灭掉赵国的最好机会，非常惭愧地离开了。范雎将白起的话告诉了秦昭襄王。秦昭襄王非常愤怒地说："没有小小的白起，我就灭不掉赵国了吗！"

秦昭襄王五十年（公元前 257 年），秦昭襄王继续增兵，改派王龁接替王陵成为新的主将，想看看没有白起到底能不能打赢赵国。

整个事态的发展和白起预料的一模一样，王龁在围攻邯郸两个月之后，依然难以攻破城门。楚国见有利可图，立马派春申君黄歇联合魏国的信陵君魏无忌共同率兵数十万围攻秦军，赵军则派精锐的小股部队骚扰秦军后方，秦军伤亡惨重。

白起听到这个消息后对周围人说："当初大王不听我的劝阻,现在结果怎么样?"秦昭襄王听说后勃然大怒,亲自去白起府上,威胁白起说:"你就算有病,被人抬着上战场也得给我带兵去!"

白起叩头道:"我知道只要我去前线带兵,即使战败,您也不会怪罪我;如果不去,即便没罪也会被处死。希望大王听臣下一句,放弃赵国吧,让百姓休养生息,以应付诸侯之间可能出现的其他战事。只要我国稳定发展,天下必定是我秦国的,为什么一定要把赵国作为首先进攻的对象呢?"

白起的话让秦昭襄王脸色变得非常难看，但白起并没有停止，继续劝说道："大王如果为了在赵国找回面子，而降罪于我，那么即使您在我这里找足了面子，却会失去称霸天下的机会。在一个大臣那里找回面子，同称霸天下比起来，哪个成就更大呢？如果因为大王一时意气造成不可挽回的损失，一切都来不及了。我听说贤明的君王最重视的是国家，忠诚的大臣最重视的是名誉。我宁愿受重罚而死，也不愿成为您为了找面子而派出的军队将领，希望大王明察。"

　　秦昭襄王听完白起的话，像被掀开遮羞布一般，脸色一阵青一阵白的，一句话也没说就离开了。

没过多久，范雎再次到白起府上请求他带兵，白起仍然以自己身患重病为由拒绝。秦昭襄王一怒之下将白起贬为士兵，将他放逐阴密。由于白起病体不便，并未立即启程。

又过了三个月，秦军战败的消息不断从邯郸传来，秦昭襄王更加迁怒白起，命他即刻动身不得逗留，哪怕是死也不准死在国都，迫于无奈的白起只得带病上路。走到杜邮（今陕西咸阳任家咀村）时，秦昭襄王与范雎以及群臣商议，以白起不服从命令且经常顶撞大王为由，派使者赐剑命其自刎。

白起临死前,仰天长叹:"我究竟做错了什么,竟然会落得如此下场!"过了一会儿,他又感慨说:"我本来就该死。长平之战,赵军降卒几十万人,我下令将他们全部活埋,这就足够死罪了!"说完便拔剑自刎了。

　　白起自刎时是秦昭襄王五十年(公元前257年)十一月,秦国百姓知道白起并不是因为犯罪而死,而是因为秦昭襄王的意气之争,害死这位为秦国立下赫赫战功的大将。所以,白起死后,秦国很多地方建立祠堂祭祀他。

在白起出生的年代，《孙子兵法》已经成书，很多战术思想广为传播，而且当时名将并起，虽然他们的思路和战术各有特点，但都与《孙子兵法》有着很多的共同之处，唯独白起的想法与他人有着很多的不同之处。

《孙子兵法》强调"以智取胜"，注重战略和战术的运用，提倡以最小的代价换取最大的胜利。主张"兵者，诡道也"，即战争是一种诡诈的行为，需要运用智谋和策略来迷惑敌人，使其产生误判和失误，从而取得胜利。同时《孙子兵法》也强调战争的代价和后果，认为战争应该尽量避免，只有在必要的时候才能使用武力。

而白起的军事思想是注重实战和歼灭战，注重机动性和灵活运用兵力的战略。他主张以歼灭敌人有生力量为主要目的，善于运用野战进攻和围歼战术，强调追击战，对敌人穷追猛打，以求彻底消灭敌人。同时，白起重视野战筑垒工事，善于利用地形和工事来增强防御能力，并在预期歼敌地区筑垒阻敌，防止敌人突围。

白起担任秦军主将三十多年，攻城七十多座，他料敌如神，出奇制胜，在秦国统一天下的过程中作出了巨大贡献。被后世学者认为是中国历史上继孙武、吴起之后又一个杰出的军事家。

白起与廉颇、李牧、王翦并称为战国四大名将;和韩信合称"韩白";后人将他与韩信、卫青、霍去病合称为"韩白卫霍"。

唐代被人列为与"文庙十哲"所对应的"武庙十哲"之一。他的军事思想对后世的军事学发展有着很大的影响。六朝以后,白起被道教纳入神鬼谱系,逐步得到抬升和神格化;元末明初位列仙班,成为神将,这是他"杀神"称号的由来。

白起活着时百战百胜,死后让人无限唏嘘,"战国军神""冷血屠夫"虽然有褒有贬,但都是他波澜壮阔一生的写照。

本丛书其他分册同样精彩，敬请阅读！